BEI GRIN MACHT SICH IHR WISSEN BEZAHLT

AF167210

- Wir veröffentlichen Ihre Hausarbeit, Bachelor- und Masterarbeit

- Ihr eigenes eBook und Buch - weltweit in allen wichtigen Shops

- Verdienen Sie an jedem Verkauf

Jetzt bei www.GRIN.com hochladen und kostenlos publizieren

Wie hat sich die Betrachtung der Jugendforschung auf die politischen Einstellungen von Jugendlichen in Deutschland seit Beginn quantitativer Jugendsurveys verändert?

Vergleich der Erhebungsschwerpunkte zwischen den Shell-Jugendstudien 1953 und 2015

Benjamin Waldmann

Bibliografische Information der Deutschen Nationalbibliothek:

Die Deutsche Nationalbibliothek verzeichnet diese Publikation in der Deutschen Nationalbibliografie; detaillierte bibliografische Daten sind im Internet über http://dnb.d-nb.de abrufbar.

ISBN: 9783346475633
Dieses Buch ist auch als E-Book erhältlich.

© GRIN Publishing GmbH
Nymphenburger Straße 86
80636 München

Druck und Bindung: Books on Demand GmbH, Norderstedt Germany
Gedruckt auf säurefreiem Papier aus verantwortungsvollen Quellen

Das Buch bei GRIN: https://www.grin.com/document/1064814

Universität Bielefeld
WS 2015/16
Fakultät für Erziehungswissenschaften
Veranstaltung: Einführung in wissenschaftliches Arbeiten in der Erziehungswissenschaft
Verfasser: Benjamin Waldmann
Datum: 27.02.2016

Wie hat sich die Betrachtung der Jugendforschung
auf die politischen Einstellungen von Jugendlichen in Deutschland
seit Beginn quantitativer Jugendsurveys verändert?

Vergleich der Erhebungsschwerpunkte
zwischen den Shell-Jugendstudien 1953 und 2015

Hausarbeit

Inhaltsverzeichnis

1. Einleitung

Seit über 60 Jahren wird im Auftrag der Shell Deutschland Holding GmbH (früher Deutsche Shell Aktiengesellschaft) die sogenannte Shell-Jugendstudie erstellt. Inzwischen ist unter dem Titel „Jugend 2015" die 17. Auflage dieser empirischen Untersuchung erschienen, die ein „[…] umfassendes Bild der Lebenssituation und der Einstellungen von Jugendlichen in Deutschland […]" (Albert, Hurrelmann, Quenzel und TNS Infratest Sozialforschung 2015, S.45) zeichnen will.

Die ersten Jugendforschungen in den ersten drei Jahrzehnten des 20. Jahrhunderts näherten sich vorwiegend mit naturwissenschaftlichen Verfahren oder später mit qualitativen Methoden wie Tagebuch-Auswertungen oder Schüleraufsätzen den entwicklungspsychologischen Entwicklungen von Jugendlichen an. Erst in der Nachkriegszeit wurden die ersten Jugendsurveys mit quantitativen Erhebungen durchgeführt, die sich nun eher soziologisch ausrichteten und die Jugend im gesellschaftlichen und politischen Zusammenhang betrachteten (vgl. Pfaff 2012, S. 147).

Der Ursprung der Shell-Jugendstudie entstammt aus den Überlegungen von Jugenderzieher:innen, Jugendbetreuer:innen, sowie Leiter:innen von Jugendgruppen im „Jugendhof Vlotho". Den Praxisvertreter:innen fehlten repräsentative Erhebung und damit belastbare Informationen über die Einstellungen und Verhaltensweisen der Nachkriegsjugend (vgl. von Stackelberg 1954, S. 5). Von Anfang an wurden in der Erhebung Fragen zu den eigenen Werten, zur Berufswahl aber eben auch zur politischen Einstellung und Engagement gestellt, so dass sich über die insgesamt 62 Jahre der stetige Wandel der Generationen beobachten lässt. Aber auch die Veränderung der Schwerpunkte in der Jugendforschung sind nachvollziehbar.

Im Rahmen dieser Arbeit wird es jedoch nicht möglich sein, diesen Bogen politischer Einstellungen und der Veränderungen in der empirischen Jugendforschung nachzuvollziehen, welcher nicht nur anhand der Ergebnisse betrachtet werden müsste sondern auch im Verhältnis zur Gesellschaft und den prägenden historischen Ereignissen (z.B. 68er-Bewegung, Mauerfall) gesetzt gehört. Dies soll im Kapitel 2.2. nur angeschnitten werden. Daher fokussiere ich mich auf die erste und die aktuelle Shell-Jugendstudie um in einem kurzen Vergleich der Art und Weise der Fragestellung und wissenschaftlichen Schwerpunktsetzung die Veränderungen zwischen den ersten Jugendsurveys in Deutschland und dem inzwischen vollkommen etablierten quantitativen Forschungen zu Jugendlichen zu skizzieren.

2. Veränderung der Jugend

2.1. Entgrenzung der Jugendphase

Die Jugend als eigenständige Lebensphase hat ihren Ursprung im Verlauf des 19. Jahrhunderts, in dem durch die Industrialisierung entstandenen verstärkten Qualifikationsbedarf. Durch die Einführung der Schulpflicht und die gezielte Berufsausbildung insbesondere in der Arbeiterklasse entstand eine eigenständige Phase des Entwicklungsprozesses zwischen der Kindheit und dem Erwachsenenalter (vgl. Pfaff 2012, S. 146f). Während der soziale und biologische Übergang zwischen Kindheit und Jugend früher wie heute durch den Eintritt in die Adoleszenz definiert wird (ebd.), wurde bis in die 60er Jahre des 20. Jahrhunderts der Übergang zwischen Jugend und Erwachsenenalter meist durch den ritualisierten Abschied aus dem Elternhaus durch Heirat, Familiengründung und eigene Haushaltsgründung (vgl. Ferchhoff/Dewe 2016, S. 32f) sowie dem Einstieg ins Berufsleben (vgl. Pfaff 2012, S. 147) definiert.

Inzwischen haben diese Übergangsriten für beide Geschlechter sowohl den Stellenwert als auch das zeitliche Zusammenlaufen von Verlassen des Elternhauses und eigener Ehe- und Familiengründung verloren. Durch verlängerte Ausbildungszeiten, der Ausdifferenzierung der Lebensformen (Singlehaushalte, Wohngemeinschaften, wechselnde Partnerschaften) sowie einer Ausdifferenzierung von unterschiedlichsten Jugendkulturen verschwimmen die Übergänge der Jugendphase und werden unsichtbarer. So ist für heutige Jugendliche typisch, „dass sie lebensalterspezifisch sehr früh bestimmte Teilmündigkeiten, Teilselbstständigkeiten wie finanzielle, mediale, konsumtive, erotische, freundesbezogene und öffentliche Teilautonomie erreichen, während ökonomische und familiäre Selbstständigkeit mit reproduktiver Verantwortung zumeist, wenn überhaupt, relativ spät erfolgen" (Ferchhoff/Dewe 2016, S. 42). Die beiden Autoren kennzeichnen diese verlängerte ökonomische Abhängigkeit bei gleichzeitiger weitgehender Autonomie als ein „paradoxales Spannungsverhältnis" (dies. 2016, S. 36).

So bedarf es für die Jugendphase einer aktuellen Definition innerhalb der Jugendforschung, die sich nicht mehr als Abgrenzung und Übergang zwischen Kindheit und Erwachsenenalter definiert, sondern dieser Entkopplung von Ritualen und Traditionen und der zeitlichen, wie sozialen Entgrenzung der Jugendphase gerecht wird. So definieren Ferchoff und Dewe (2016) die Jugend heute als eine „[...] vornehmlich eigenständige, lebensaltersspezifisch gesehen sehr frühe Autonomie zulassende, lustvolle und bereichernde Lebensphase, also Selbstleben, jetzt zu lebendes, gegenwärtiges, manchmal auch stark durch Markt, Konsum, Mode, Sport, Musik,

Medien und Soziale Netzwerke bestimmtes, hedonistisch genussreiches, manchmal aber auch, insbesondere in den von prekären Arbeitsverhältnissen, sozialen Marginalisierungen und lebenssinn- und lebenszuversichtsarmen Perspektivlosigkeiten bedrohten jugendlichen Lebensmilieus, nur ein durch die - wenn überhaupt - mühsame, nicht selten stressgeplagte Bewältigung von Alltagsaufgaben (Schule, Job, Zeittaktung) geprägtes Leben" (S.43).

Diese Entgrenzung ist - zumindest minimal - auch in dem hier angestrebten Vergleich nachzuvollziehen. Während in der Jugendstudie von 1953 die Erhebung bei Jugendlichen zwischen 15 und 24 Jahren stattfand, stützen sich die aktuellen Jugendstudien seit 2002 auf repräsentative Erhebung von Jugendlichen im Alter von 12 bis 25 Jahren (vgl. Schneekloth 2015, S. 157). So wird die Shell-Jugendstudie den vorweg skizzierten Veränderungen in Teilen gerecht, wobei anzumerken ist, dass trotz der festgestellten Entgrenzung weiterhin eine Alterseingrenzung stattfindet oder - ausgehend von Vergleichsmöglichkeiten der Studien im zeitlichen Verlauf - stattfinden muss.

2.2. Politischer Wandel der Jugend

Wie in der Einleitung vermerkt, ist eine tiefergehende Betrachtung des politischen Wandels Jugendlicher entlang der Nachkriegsjahrzehnte in dieser Arbeit nicht möglich. Dennoch ist es wichtig, auf einige entscheidende Entwicklungsschritte einzugehen, um einen Vergleich der beiden Studien und die Veränderungen des Erkenntnisinteresses nachvollziehen zu können. So muss jede Jugendstudie auch im Kontext der aktuellen Debatten und historischen Entwicklungen gesehen werden.

So haben beispielsweise alle 1498 befragten Jugendlichen der ersten Shell-Jugendstudie den Nationalsozialismus, den zweiten Weltkrieg und den Wiederaufbau bewusst miterlebt (S. 13). Dem neuen System begegnen Jugendliche mit skeptischer Vorsicht, während die gesellschaftliche Macht eindeutig durch Erwachsene geprägt wird. Die politischen Lebensumstände waren damit ganz andere als die der nachfolgenden Generationen, die schon in den 60er Jahren deutlich mehr Freizeit hatten und sich nun - und ohne persönliche Kriegserfahrungen - Popmusik und Partys zuwandten (Shell Deutschland 2003, S. 7). Aber eben auch der Politik. So wenden sich vor allem die jugendlichen Bildungseliten mit legalen und illegalen Partizipationsformen beispielsweise gegen den US-Imperialismus, den Schah von Persien und die Springer-Presse. So ist für Teile der Jugend eine erhebliche Politisierung festzustellen, die so erstmals - auch durch die Verbreitung des Fernsehens - politische Wirkungen in der Gesellschaft erzielt (vgl. Großegger/Heinzlmaier 2003, S. 41).

In den beiden folgenden Jahrzehnten ist ein Gesinnungswandel festzustellen, in dem die überwiegende Mehrheit ihren - nicht unkritischen - Frieden mit dem kapitalistischen System schloss, jedoch weiter auf Reformen und Verbesserungen pocht. Die Verbesserung des Umweltschutzes, Reform der Bildungssysteme, Stärkung der Arbeitnehmermitbestimmung aber auch die Anti-AKW-Bewegung und Proteste gegen den NATO-Nachrüstungsbeschluss prägen die kritische und in weiten Teilen bedrückte Stimmung der jungen Menschen (dies. 2003, S. 45f). Waren hier jedoch noch eine hohe Unterstützung von sozialen Bewegungen und Parteien auszumachen, ändert sich mit der Wende 1989/90 nicht nur die pessimistische Grundstimmung zu einem „neuen Zeitgeist" und einem Einzug der „Spaßgesellschaft" (ebd.) sondern auch die Engagementbereitschaft der Jugendlichen. Für den kurzen Moment der Wiedervereinigung stieg das politische Interesse aller Altersgruppen auf die höchsten Werte (Bienefeld/Böhm-Kasper 2016, S. 73) um schon Mitte der 90er-Jahre von der Krise eingeholt zu werden. Lehrstellenmangel, Arbeitslosigkeit bestimmen das Leben der Jugendliche, die inzwischen - insbesondere in Ostdeutschland - auf Distanz zur Politik geht. Großegger und Heinzlmaier (2003) konstatieren „Die Parteien haben die Jugend nun endgültig verloren" (S. 46).

Im neuen Jahrtausend bestimmen inzwischen andere politische Themen die Jugendlichen. Erstmals werden in der Shell-Jugendstudie 2000 nicht mehr „deutsche Jugendliche" befragt, sondern „Jugendliche in Deutschland" und damit auch in Deutschland lebende ausländische Jugendliche (Shell Deutschland 2003, S. 8). Der Terrorismus des 11. Septembers 2001, die Anschläge in London, Norwegen und zuletzt in Paris aber auch die aktuellen Migrationsbewegungen verschieben die politischen Debatten insbesondere beim Thema innere Sicherheit (vgl. Schneekloth 2015, S. 170), während ein Großteil der (west-)deutschen Jugendliche optimistisch in ihre eigene aber inzwischen auch in die gesellschaftliche Zukunft blickt. (vgl. Albert et al. 2015, S. 13f).

Darüber hinaus hat sich die Gesellschaft mit der erheblichen Zunahme der Digitalisierung auch selbst erheblich verändert. Wurde vor wenigen Jahrzehnten noch ein Generationengefälle der Älteren gegenüber Jugendlichen durch Lebenserfahrung, Weisheit und Vorbildcharakter ausgemacht, ist dieser inzwischen nivelliert oder sogar umgekehrt (vgl. Ferchhoff/Dewe 2016, S. 46f). Die Autoren begründen dies vor allem mit der „Dynamik technischer, aber auch jugendkultureller Innovationen sowie der Allgegenwart der (technischen) Medien und sozialen Netzwerke […]" (ebd.). Verschärfend ist in den letzten Jahrzehnten durch die Konsum- und Medienwelt ein „Jugendleitbild" (dies. 2016, S.40) entstanden, dass als Jugendkult, jugendliches Aussehen und jugendlichen Lebensstil als „Placeboeffekt in alle Altersklassen hinein[strahlt]" (dies. 2016, S. 44). Diesen beiden Trends wird die (Parteien-)Politik in Deutschland in keiner Weise gerecht, was bei einem Erstarken der politischen Meinungsbildung, einem Anstieg der Zufriedenheit mit der Demokratie und einem Zuwachs an Toleranz zeitgleich mit einer ausgeprägten Politikverdrossenheit bei den Jugendlichen einhergeht (vgl. Albert et al. 2015, S. 22f).

3. Schwerpunkte der Shell-Jugendstudien 1953 und 2015

3.1. Erhebungsschwerpunkte 1953

Mit der Studie „Jugend zwischen 15 und 24 - Eine Untersuchung zur Situation der deutschen Jugend im Bundesgebiet" (kurz: Shell-Jugendstudie 1953) wurden erstmalig die politischen Einstellungen von Jugendlichen in einer breit angelegten empirischen Untersuchung erhoben. Wie vorweg erwähnt, haben alle befragten Jugendliche den Nationalsozialismus und den zweiten Weltkrieg unmittelbar erlebt. Sie waren zum Kriegsende zwischen 7 und 16 Jahren alt (vgl. von Stackelberg 1954, S. 13). Dies gilt damit auch für die beteiligten Jugendforscher:innen und den Praktiker:innen aus der Jugendarbeit, die die Studie angestoßen haben.

Daher ist es nicht verwunderlich, dass sich ein Großteil der Fragen auf das Verhältnis zum Nationalsozialismus, zu Adolf Hitler, zur Soldatentätigkeit und zur Orientierung des Nationalstaates konzentriert. So haben beispielsweise die Hälfte der sechs Fragen beim Fragenkomplex zur Grundrichtung der politischen Einstellung direkten Bezug zur Soldatenzeit (S. 68f):

• Die Soldatenzeit ist die beste Erziehung für einen jungen Menschen.
• In Uniform sieht ein Mann viel besser aus als in Zivil.
• Die Fahne ist mehr als der Tod.

Zwei weitere Fragen behandeln das Verhältnis zwischen Gehorsam und Selbst- und Mitverantwortlichkeit und die letzte Frage die eigene Positionierung zur neuen deutschen Staatsform.

Auch mit Blick auf die insgesamt sieben Fragenkomplexe ist dieser Trend nachzuvollziehen. So behandeln die ersten fünf Komplexe allesamt das Verhältnis der Jugendlichen zum Staat und zur politischen Vergangenheit (ebd.):

1. allgemeine Grundrichtung der politischen Einstellung bei der Jugend, (s.o.)

7

2. die Einstellung zur jüngsten politischen Vergangenheit,

3. die Grundrichtung des Denkens im Hinblick auf andere Völker und im Hinblick auf die politischen Ziele der deutschen Politik,

4. die Bereitschaft zum Wehrdienst,

5. Vorstellung über die Rechte des Staates gegenüber dem einzelnen (untersucht am Beispiel des Arbeitsdienstes).

Der sechste Fragenkomplex untersucht „die Verbreitung von Kenntnissen über die wichtigsten Bundesorgane" (S. 94f) anhand einer reinen Abfrage. So werden die Namen des Bundespräsidenten, des Bundeskanzlers und der Minister:innen der Bundesregierung offen abgefragt sowie getestet, ob die Frage „Ist der Bundestag oder der Bundesrat die Volksvertretung" beantwortet werden kann.

Nur der siebte und letzte Fragenkomplex widmet sich in geringem Maße themenpolitischen Schwerpunkten. Die Forscher:innen erfragen darin allgemein, ob die Bundesregierung „genügend für die Jugend [tut]" und auf welchem Gebiet für die Jugend „noch bessere Hilfestellung geleistet werden [kann]" (S. 96). Besonders interessant ist hervorzuheben, dass die Forscher:innen die zweite Frage nach den politischen Wünschen der Jugendlichen nur denen stellten, welche die erste Frage verneint hatten, ob die Bundesregierung genügend tue. So wurden nur 41% der Jugendlichen von den Forscher:innen überhaupt nach ihren politischen Wünschen befragt, während 59% (47% bejahten Frage 1, 12% gaben keine Stellungnahme ab) bei der Befragung überhaupt nicht mit themenpolitischen Fragen in Berührung kamen.

Des Weiteren lässt sich die Schwerpunktsetzung der Forscher:innen auf das Verhältnis zum Nationalsozialismus, Soldatenwesen und der neuen Staatsform auch bei der Untergliederung in Gruppen und den verglichenen Korrelationen skizzieren. So bilden sie neben der soziologisch-wirtschaftlichen Struktur des Befragtenkreises (Geschlecht, Alter, Schulbildung, Elternhaus etc.) und einer religiösen und einer sportlichen Meinungs- und Verhaltensgruppe auch fünf politische Untergruppen (S. 135f):

• Jugendliche, die entschieden für den heutigen Staat eingestellt sind (35%)

• Jugendliche, die gegen den heutigen Staat eingestellt sind (19%)

• Jugendliche, die im Hinblick auf ihre Einstellungen zum heutigen Staat nicht klar entschieden sind (46%)

sowie

• Jugendliche mit gewissen Sympathien für den Nationalsozialismus bzw. für Hitler (13%)

8

• Jugendliche, die entschieden gegen den Nationalsozialismus eingestellt sind (31%)

Bei mehreren Fragekomplexen setzen die Autor:innen der Studie die Antworten in Zusammenhang mit diesen gebildeten Untergruppen und weisen Korrelationen nach. Darüber hinaus bilden sie beim Fragenkomplex nach der politischen Vergangenheit bei ihrer Untersuchung zwei Alterskohorten zwischen 15 und 20 Jahren und zwischen 20 und 25 Jahren (S.83f). Auch diese Unterteilung ist nicht zufällig, sondern maßgeblich aufgrund der nationalsozialistischen Vergangenheit gewählt worden. So war die jüngere Altersgruppe nicht mehr in der Hitlerjugend (HJ) aktiv, während die Älteren noch Mitglieder der HJ waren.

Es lässt sich zusammenfassen, dass die Forscher:innen der ersten Shell-Jugendstudie - verständlicherweise - vor allem das Verhältnis der Jugendlichen zum Nationalsozialismus, Krieg und Staatsform interessierte und die politischen Wünsche, Ideen und Vorstellungen der Jugendlichen selbst erst gar nicht oder nur minimal erhoben wurden.

3.1. Erhebungsschwerpunkte 2015

Mit der Studie „Jugend 2015" ist die 17. Shell Jugendstudie erschienen. Als erstes gilt es festzuhalten, dass die Forscher:innen wie schon bei den vorhergegangenen Jugendstudien der letzten Jahre, die politischen Ansichten der Jugendliche in zwei Kapitel trennen. So beschäftigt sich Schneekloth in der Studie mit dem Themenbereich „Jugend und Politik: Zwischen positivem Gesellschaftsbild und anhaltender Politikverdrossenheit" (S. 153ff). Gensicke und Albert nehmen im darauffolgenden Kapitel den Themenbereich „Die Welt und Deutschland - Deutschland und die Welt" in den Fokus (S. 201ff).

Die aktuelle Studie untersucht dabei neben der persönlichen Einschätzung wie gut und in welcher Form sich Jugendliche über Politik informieren (Online, Zeitung etc.) auch die eigenen politischen Aktivitäten (Warenboykott, Demonstration, Engagement in Parteien etc.). So skizzieren die Autoren auch im Zeitverlauf das generelle Interesse von Jugendlichen an Politik, ohne auf politische Themensetzung einzugehen. So ist auch die Frage nach der politischen Selbstpositionierung in einem „Links-Rechts-Schema" zu bewerten, in der sich 80% der Jugendlichen einteilen können, auch wenn der Autor darauf hinweist, dass durch die Diffusionen in der Parteienlandschaft (z.B. große Koalition, schwarz-grüne Koalition) inzwischen ein höherer Anteil sich nicht positionieren kann oder will (S. 168) und daher die „[...] Selbsteinstufung anhand der (Lager und partei-)politischen Kategorien rechts und links als analytisch nicht mehr relevant zu betrachten [...]" (S. 172) sei. Darüber hinaus wird im

Kapitel zu Deutschland und die Welt ebenfalls eine Selbstpositionierung der Jugendlichen vorgenommen. Hier steht im Fokus, über welche Zugehörigkeit man sich selbst definiert (Deutscher, Europäer etc.) und wie stolz die Jugendlichen sind, Deutsche:r zu sein (S. 218ff).

Als weiterer Erhebungsschwerpunkt setzt sich die Studie mit der Akzeptanz der Demokratie, dem Vertrauen in gesellschaftliche Gruppierungen und Institutionen und der Politikverdrossenheit von Jugendlichen auseinander. Diese Fokussierung ist ebenfalls themenunabhängig zusammengestellt und hat nach der persönlichen Einstellung zur Politik allgemein und zu eigenen Aktivitäten einen eher generellen Blick auf die politischen Strukturen und Systeme auf der Makroebene. Als Randbemerkung gehört erwähnt, dass beim Vertrauen in gesellschaftliche Gruppierungen die Institutionen „Banken" erst seit 2010 in den Jugendstudien auftaucht und somit die Forscher:innen auf die aktuellen Entwicklungen (Finanzkrise ab 2007) in ihrer Erhebung reagiert haben (S. 176ff).

Einen ähnlichen themenunabhängigen Blick auf die Makroebene werfen die Forscher:innen ebenfalls beim Verhältnis zu Deutschland, wo sie die Zustimmung zu konkreten Bildern und dem Verhältnis Deutschlands zur Welt erheben (S. 210ff) und auf die Vorbehalte gegenüber bestimmten Bevölkerungsgruppen eingehen (S. 183ff).

Als dritten Erhebungsschwerpunkt lassen sich die Erhebungen zu politischen Inhalten hervorheben. So werden die wichtigsten gesellschaftlichen Prioritäten nach Themenbereichen erhoben, sowie die Ängste und Problemwahrnehmungen. Neben diesen recht allgemeinen Erhebungen, fokussieren die Forscher:innen auch auf ganz konkrete Themenfelder, denen sie besondere Aktualität oder Priorität zurechnen. So erheben Sie die Einstellungen zur Aufnahme von Zuwanderern in Deutschland (S. 185ff), die Einschätzung zum demographischen Wandel (S. 191ff), der Fremdenfeindlichkeit (S. 202ff) sowie außenpolitische Themen zu Terror, Krieg (S. 201f) und die Weltordnung der „großen Spieler" (S. 209ff).

Zum Vergleich der Zusammenhänge findet in der Studie 2015 keine Untergruppierung nach Meinungs- und Verhaltensstruktur von den Forscher:innen statt. Als wesentliche Vergleichsmerkmale und Korrelationsüberprüfungen wird die soziologische-wirtschaftliche Struktur der Befragten herangezogen. Je nach Themenfeld betonen die Forscher:innen besondere Korrelationen, die sich in den erhobenen Daten abzeichnen. So ist auffällig, dass bei der Erhebung nach der Akzeptanz der Demokratie insbesondere auf die Unterschiede zwischen West- und Ostdeutschland eingegangen wird (S. 173), während sonst offenbar keine oder kaum

Unterschiede zwischen West und Ost bei anderen Fragen herausgestellt werden. Bei der Erhebung, wie stolz die Befragten seien, Deutsche:r zu sein, wird die Beantwortung dahingehend stärker untersucht, ob bei den Befragten ein Migrationshintergrund vorliegt (S. 228ff). Für den Großteil der erhobenen Daten, insbesondere bei der Selbstpositionierung zum Interesse, Aktionen oder den Einstellungen zur Politik werden hauptsächlich die Daten zum Bildungshintergrund, Geschlecht, Alter und soziale Herkunft zum Vergleich herangezogen.

4. Vergleich und Fazit

In der Betrachtung der beiden vorliegenden Studien lassen sich Gemeinsamkeiten aber vor allem Differenzen herausheben. So sind zwei Punkte hervorzuheben, in denen sich die Erhebungsschwerpunkte ähneln.

1. Jede Studie ist ein Produkt ihrer Zeit. Dies ist vor allem bei der ersten Shell-Jugendstudie zu beobachten, die unter dem Eindruck des Nationalsozialismus in großen Teilen das Verhältnis junger Menschen zur NS-Zeit, zum Soldatenwesen und zur neuen deutschen Staatsform erfragt. Aber auch in der aktuellen Studie von 2015 sind aktuelle Entwicklungen eingeflossen, wie die Erhebung zur Zuwanderung und Flüchtlingen (S. 158f) oder zur Angst vor Ausländerfeindlichkeit (S. 202f). Gleiches gilt für die Hinzunahme der Antwortmöglichkeit „Banken" bei der Erhebung zum Vertrauen in Institutionen (S. 176ff).

2. Ebenfalls gleich geblieben ist der Erhebungsschwerpunkt zum Verhältnis der Jugendlichen zur Staatsform und zum deutschen Staat. Die Forscher:innen der Jugendstudie 1953 orientieren sich zwar dabei vor allem an der Haltung zum Soldatenwesen, zur generellen Staatsform oder zum Arbeitsdienst, während die aktuelle Studie 2015 deutlich differenzierter und andere Aspekte in den Fokus nimmt. Dies ist u.a. an der Erhebung zur Einschätzung der gesellschaftlichen Zukunft (S. 166f), zur Zufriedenheit mit der Demokratie (S. 173ff), zum Vertrauen in gesellschaftliche Institutionen (S. 176ff), zur Rolle Deutschlands in der Welt (S. 216ff), zur Zustimmung mit konkreten Bildern über Deutschland und zur Frage, ob man stolz sei, Deutsche:r zu sein (ebd.) nachzuweisen. Trotz dieser Differenzen innerhalb des Forschungsdesigns, ist beiden Studien das Erkenntnisinteresse nach dem Verhältnis der Jugend zur Struktur und Form des Staates gemein.

Neben diesen Ähnlichkeiten sind aber auch deutliche Unterschiede festzustellen. Historische Unterschiede, wie die inzwischen - glücklicherweise - erhebliche zeitliche und inhaltliche Distanz zum Nationalsozialismus und zum 2. Weltkrieg, die Möglichkeit der Erhebung in Ost- und Westdeutschland seit dem Mauerfall 1989 oder die fortschreitende Digitalisierung sollen hier nur am Rande erwähnt werden, da sie für den Untersuchungsgegenstand der Veränderungen in der Jugendforschung hier weniger relevant sind. Drei wesentliche Unterschiede in den Erhebungsschwerpunkten und dem Forschungsdesign sind auszumachen:

1. In der Jugendstudie von 1953 werden zum Nachweis von politischen Interesse, konkretes politisches Wissen abgefragt, wie bspw. nach dem Namen des Kanzlers oder der Minister:innen. Dies wird in der aktuellen Studie vollkommen unterlassen. Hier wird sich auf eine - durchaus vielfältige - Selbsteinschätzung und Selbstpositionierung der Jugendlichen konzentriert. Dies wiederum wird 1953 vollkommen unterlassen, was darauf schließen lässt, dass die Forscher:innen eher auf inhaltliche Aussagen und deren Zustimmungswerten statt auf einer Selbstdefinition der Jugendlichen vertrauten. Damit unterscheiden sich die Herangehensweise der beiden Studien in diesem Punkt, wobei damit nicht automatisch die aktuelle Studie besser aufgestellt ist. So weisen Bienefeld und Böhm-Kasper (2016) kritisch daraufhin, „dass der gängige Indikator auf einer sehr globalen Fragestellung (z.B. Interessierst Du dich für Politik?) beruht und bei den Jugendlichen vor allem auf die politischen Akteurinnen und Akteure bezogen (Gaiser und de Rijke 2000) bzw. mit den medial vermittelten Erscheinungsformen der parlamentarischen Politik konnotiert wird" (S. 74). So sei bei politischen Themenbereichen auch ein stärkeres Interesse der Jugendlichen nachzuweisen (vgl. Burdewick 2003, S. 19).

2. Ein weiterer Unterschied der beiden Studien ist die Erhebung zu politischen Themenbereichen. Hier untersuchen die Forscher:innen in der Jugendstudie 2015 unterschiedlichste Einschätzungen zu politischen Prioritäten (S. 169ff), nach gesellschaftlichen Ängsten (S. 164ff) oder zu den Themen Zuwanderung (S. 185ff), demographischer Wandel (S. 191ff) und Aussenpolitik (S. 205ff). Die Studie 1953 unterlässt dies fast ganz und beschränkt sich auf die Frage nach der Zufriedenheit mit der Bundesregierung. Nur 41% der Befragten werden überhaupt nach „besseren Hilfestellungen für die Jugend" nach Themen befragt. Begrifflich ist festzustellen, dass nicht nach aktiven „Forderungen", „Wünschen" oder „Zielen" erhoben wird, sondern die passive Form der „Hilfestellung durch die Bundesregierung" gewählt wird. Wenn also in der Chronik zu 50 Jahre Shell-Jugendstudie über die 50er Jahre berichtet wird, dass „die Politik [...] von der

älteren Generation gemacht [wird]" und die Jugend „nicht allzu viel anzufangen [weiß] mit dem neuen politischen System" (Großegger/Heinzlmaier 2003, S. 41), so ist das nicht zu widerlegen. Jedoch sind ebenfalls Effekte durch dieses eingeschränkte Forschungsdesign nicht auszuschließen.

3. Der wesentlichste Unterschied ist jedoch der Blick der Forscher:innen auf die Jugend selbst, wie er sich aus den Schwerpunktsetzungen nachvollziehen lässt. Unter Punkt 2 ist schon festgehalten, dass die politischen Themen der Jugendlichen in der Studie von 1953 eigentlich gar nicht erhoben wurden. Darüber hinaus werden Jugendliche nur als passive Akteuere befragt. So beispielsweise nachzuweisen anhand der Frage „Gestehen Sie dem Staat das Recht zu, daß er im Interesse der Allgemeinheit Ihre Ausbildungszeit unterbricht, um Sie zum Beispiel zu einem Arbeitsdienst heranzuziehen?" (S. 93), durch das „Abfragen" von politischen Akteuren (und eben nicht zur Wahlbereitschaft oder Einschätzung zu Kanzlern und Ministern) (S. 94f) oder der Fokussierung auf die Bereitschaft zum Wehrdienst (S. 89ff). Nur die Frage „Wenn in einer öffentlichen Diskussion unsere heutige Staatsform angegriffen würde, wie würden Sie dann zu unserem heutigen Staat Stellung nehmen?" (S. 69ff) setzt eine aktive politische Handlung des „Stellung beziehen" voraus. So wird allein durch das Forschungsdesign, der Jugendliche nicht als mündiger, aktiver und politisch agierender Mensch anerkannt, sondern als von der Politik getrennte Sphäre oder als Wirkungsfeld der Politik sowohl negativer (Arbeitsdienst) als auch positiver Auswirkungen (Hilfestellungen) gesehen. Ganz anders ist dies in der aktuellen Studie. Dort wird nicht nur nach dem politischen Interesse (S. 157ff), der *aktiven* Informationsbeschaffung zur Politik (S. 162f), nach unterschiedlichen Themen (vgl. Punkt 2), nach sozialen und politischen *Freizeitaktivitäten* (S. 193ff) sondern auch ganz direkt nach Teilhabe und Erfahrungen mit politischen *Aktionen* (S. 198ff) gefragt. Gleich mehrfach taucht im Fragebogen 2015 das Wort „aktiv" direkt auf. Der:Die Jugendliche wird nicht mehr nur als passive:r Zuschauer:in, sondern als politische:r Akteur:in mit eigenen Vorstellungen und Forderungen wahrgenommen. Diese Trendwende in der Jugendforschung und insbesondere in den Shell-Jugendstudien ist auf die Studie „Jugend ´81" zurückzuführen. „[Diese] setzt […] völlig neue Maßstäbe für die gesamte Jugendforschung im deutschsprachigen Raum. Die Forscher projizierten nicht länger die Vorstellungen der Erwachsenen auf die Jugend, sondern ließen eine neue Perspektive in die Jugendforschung einfließen. Es galt herauszufinden, wie sich die Jugendlichen selbst wahrnehmen" (Shell Deutschland 2003, S. 7).

Abschließend lässt sich festhalten, dass sich die Betrachtung der Jugendforschung auf die politischen Einstellungen massiv verändert hat. Die aktuelle Shell-Jugendstudie nähert sich deutlich vielfältiger und differenzierter den politischen Einstellungen von Jugendlichen und erforscht nicht mehr nur das Verhältnis zum Staat oder Staatsform sondern die politischen Themen, Partizipationsformen und das konkrete Interesse an Politik (vgl. Bienefeld/Böhm-Kasper 2016, S. 72).

Dabei ist festzuhalten, dass sich eben nicht nur bewahrheitet, dass jede Studie ein Produkt ihrer Zeit ist, sondern auch die Jugendforschung selbst ein Produkt der aktuellen gesellschaftlichen und historischen Zusammenhänge ist. So würde auch die heutige Jugendforschung eine ganz andere Schwerpunktsetzung vornehmen, wenn nicht auch ein Entstrukturierung der Jugendphase (vgl. 2.1.) und ein erheblicher Wandel der Jugend zur Politik innerhalb der 62 Jahre stattgefunden hätte, wie er unter 2.2. skizziert ist. Ohne die politischen Jugendbewegungen (68er, Anti-AKW- und Friedensbewegung, Bildungsstreiks etc.), die im Nationalsozialismus und den Jahren des Wiederaufbaus undenkbar waren, würde die Gesellschaft Jugendliche weiterhin als passiven Teil außerhalb der politischen Sphäre wahrnehmen. Die vielen Generationen von aktiven politischen Jugendlichen haben also ganz konkret dazu beigetragen, dass sich die Jugendforschung intensiver als noch 1953 mit dem politischen Wirken Jugendlicher auseinandersetzt.

Abzuwarten bleibt, ob sich die in 2.2. angesprochene Bildung eines „Jugendleitbildes" in der Gesellschaft auch irgendwann in die (partei-)politische Sphäre ausweitet, welche die heutige Jugend mit erheblicher Skepsis, Distanz und Verdrossenheit begegnet (vgl. Zeit online 2015). Ferchhoff und Dewe betonen in ihrem Text zur Entstrukturierung und Entgrenzung der Jugendphase (2016): „Mittlerweile sind in den Bereichen Mode, Geschmack, Konsum, Freizeit, Mobilität, Sexualität, Sport, Technikbeherrschung, Computer, Neue Medien, Internet, Soziale Netzwerke, Smartphones sowie insbesondere im Rahmen der Gestaltung von Lebensstilfragen (Zeichenwelten, Codes, Symbole usw.) Jugendliche Erwachsenen gegenüber (initiiert und unterstützt durch Medien, Ästhetik und Werbung) gar zu Vor-, Leitbildern und MeinungsführerInnen geworden" (S. 48). Die Politik bleibt dabei (noch) unerwähnt.

5. Literaturverzeichnis

Albert, Mathias, Hurrelmann, Klaus, Quenzel, Gudrun & TNS Infratest Sozialforschung (Hrsg.): Jugend 2015 - 17. Shell Jugendstudie. Frankfurt am Main: Fischer Taschenbuch, 2015

Bienefeld, Marc & Böhm-Kasper, Oliver: Jugend und Politik. Eine kritische Betrachtung empirischer Befunde der Jugendforschung. In: Becker, Ulrike, Friedrichs, Henrike, von Gross, Friederike & Kaiser, Sabine (Hrsg.): Ent-Grenztes Heranwachsen. Wiesbaden: Springer VS, 2016

Burdewick, Ingrid: Jugend - Politik - Anerkennung. Eine qualitative empirische Studie zur politischen Partizipation 11- bis 18-Jähriger. Opladen: Leske + Budrich, 2003

Ferchhoff, Wilfried & Dewe, Bernd: Entstrukturierung und Entgrenzung der Jugendphase. Prozesse der retroaktiven Erziehung und Sozialisation. In: Becker, Ulrike, Friedrichs, Henrike, von Gross, Friederike & Kaiser, Sabine (Hrsg.): Ent-Grenztes Heranwachsen. Wiesbaden: Springer VS, 2016

Gensicke, Thomas & Albert, Mathias: Die Welt und Deutschland - Deutschland und die Welt. In: Albert, Mathias, Hurrelmann, Klaus, Quenzel, Gudrun & TNS Infratest Sozialforschung (Hrsg.): Jugend 2015 - 17. Shell Jugendstudie. Frankfurt am Main: Fischer Taschenbuch, 2015

Großegger, Beate, Heinzlmaier, Bernhard & Deutsche Shell-Aktiengesellschaft: 50 Jahre Shell-Jugendstudie: 100 Jahre Shell in Deutschland; von Fräuleinwundern bis zu neuen Machern. München: Ullstein, 2003

Pfaff, Nicolle: Jugend. In: Horn, Klaus-Peter, Kemnitz, Heidemarie, Marotzki, Winfried & Sandfuchs, Uwe (Hrsg.): Klinkhardt Lexikon Erziehungswissenschaft Band 2. Bad Heilbrunn: Verlag Julius Klinkhardt, 2012

Schneekloth, Ulrich: Jugend und Politik: Zwischen positivem Gesellschaftsbild und anhaltender Politikverdrossenheit. In: Albert, Mathias, Hurrelmann, Klaus, Quenzel, Gudrun & TNS Infratest Sozialforschung (Hrsg.): Jugend 2015 - 17. Shell Jugendstudie. Frankfurt am Main: Fischer Taschenbuch, 2015 von Stackelberg, Karl-Georg & Deutsche Shell Aktiengesellschaft (Hrsg.): Jugend zwischen 15 und 24 - Eine Untersuchung zur Situation der deutschen Jugend im Bundesgebiet. Bielefeld: Deutscher Heimat-Verlag, 1954

Zeit online (Hrsg.) (2015): „Das wird die Generation R" [online] URL: http://www.zeit.de/2015/42/shell-studie-jugend-generation [Stand: 23.02.2016]

BEI GRIN MACHT SICH IHR WISSEN BEZAHLT

- Wir veröffentlichen Ihre Hausarbeit,
  Bachelor- und Masterarbeit

- Ihr eigenes eBook und Buch -
  weltweit in allen wichtigen Shops

- Verdienen Sie an jedem Verkauf

Jetzt bei www.GRIN.com hochladen und kostenlos publizieren